藏传佛教视觉艺术典藏

嘛呢石

付平 摄 杨敬华 文

青海人民出版社
QINGHAI People's Publishing House

图书在版编目（CIP）数据

嘛呢石 / 付平摄；杨敬华文. —西宁：青海人民出版社，2012.5
（藏传佛教视觉艺术典藏）
ISBN 978-7-225-04197-1

Ⅰ. ①嘛… Ⅱ. ①付… ②杨… Ⅲ. ①喇嘛宗－宗教艺术－西藏－画册 Ⅳ. ①J19-64

中国版本图书馆CIP数据核字(2012)第087640号

藏传佛教视觉艺术典藏

嘛 呢 石

付　平　摄　杨敬华　文

出 版 人　樊原成
责任编辑　李永华　杨敬华
装帧设计　三　子
责任印制　巢世武　陆玉梅
出版发行　青海人民出版社有限责任公司
西宁市同仁路 10 号　邮政编码:810001　电话:(0971)6143426(总编室)
发行热线　(0971)6143516/6137731
经　　销　新华书店
印　　刷　兰州新华印刷厂
开　　本　787mm×1092mm　1/16
印　　张　6.5
字　　数　75 千
版　　次　2012 年 7 月第 1 版　2012 年 7 月第 1 次印刷
印　　数　1—5 000 册
书　　号　ISBN 978-7-225-04197-1
定　　价　38.00 元

出版前言

佛教起源于公元前 6 世纪的古印度，由一位姓乔达摩、名悉达多的迦毗罗卫国（今尼泊尔境内）太子创立，因其出生于释迦族，人们尊称他为"释迦牟尼"，意思是"释迦族的圣人"。

释迦牟尼的出生充满传奇色彩，相传他的母亲摩耶夫人有一日夜梦白象，醒来后已身怀有孕。怀胎十月，在回娘家的路上从右肋生下他。释迦牟尼出生后不久他的母亲就去世了，后来由他的姨母抚养成人，长大后娶妻生子。有一日外出去四城察看民情，看到许多人由于生老病死十分痛苦，心生悲悯，产生了出家求道、普度众生于苦难的想法，遂夜别妻儿，出家为僧。历经数年苦行修道，终于在菩提树下顿悟，创立佛教。

大约在公元 7 世纪，佛教经由中国内地、尼泊尔、印度传入西藏。在佛教传入西藏之前，西藏本土宗教苯教广为流传，并且有深厚的发展基础和信仰基础，西藏地区的贵族大都信仰苯教。佛教传入之后，和苯教进行了长期的斗争，随着西藏上层贵族态度的转变和统治阶级的普遍接受，佛教逐渐战胜苯教，深入到西藏社会的各个阶层。在吐蕃王朝时期，由于松赞干布、赤松德赞、赤祖德赞（史称"祖孙三王"）的大力支持，中国内地和尼泊尔、印度的许多高僧先后来到西藏，对佛教进一步在西藏的发展和广泛传播起到了很大的推进作用。这以后虽然经历了许多曲折（诸如朗达玛灭佛），但佛教在西藏的总体发展还是比较顺利的，这和历代的统治者的支持是密切相关的。

佛教在和苯教的斗争中也吸收了苯教的许多因子，使佛教在西藏地区的发展具有本土化倾向，因而更为顺利。随着佛教的发展，逐渐形成了许多的流派（主要有：宁玛派、萨迦派、噶举派、噶当派和格鲁派)，并且建立了各个派别的寺院。寺院的建立推进了藏传佛教的传播，也使藏传佛教的艺术得到了发挥的空间。在当时的条件下，为了能使普通大众更好、更快、更直观地理解佛教的教义，把抽象的教义通俗化，具象的绘画形式成为最好的传播和教育方式。随着普通大众的虔诚信仰和上层贵族的大力支持，各大教派在发展中形成了各自的显宗、密宗教义和传承体系，在藏传佛教的艺术发展过程中也各自呈现出不同的特点。虽然早期的藏传佛教艺术受到来自中国内地、尼泊尔、印度的佛教艺术影响，但随着佛教在西藏及其周边地区的传播和发展，更多地融入了本土文化的特点和本民族的审美取向。14 世纪以后，随着格鲁派的兴起和壮大，藏传佛教艺术也得到了空前的发展，广大的寺院艺人在学习尼泊尔、印度和中国内地佛教艺术的同时，经过长期的艺术实践，吸收本民族的民间艺术形式，在艺术创作上达到了一个新的高度，这在许多格鲁派寺院的建筑、绘画、雕塑等方面都有表现。这一时期的艺术创作也逐渐成熟，构图精巧严谨、色彩搭配强烈、造型奇特夸张、线条流畅细腻，使这一时期的佛教艺术作品成为后世的楷模。

青藏高原是藏传佛教传播的主要地区，在寺院、博物馆和民间，珍藏着无数的藏传佛教艺术珍品。《藏传佛教视觉艺术典藏》采用独特的视角，以唐卡、壁画、法器、面具、嘛呢经石等为载体，直观地向读者介绍关于藏传佛教中佛、菩萨、护法神、法事活动以及在藏传佛教发展史上有卓越成就和贡献的高僧。从艺术的角度看，本丛书收集的各个时期的藏传佛教艺术代表作，有些是读者平时不易见到和了解的艺术珍品，有的甚至是孤品，尤其是配以通俗易懂、简洁明了的文字说明，使本套丛书在观赏、阅读等方面更具艺术感染力，也具有较强的收藏价值，可谓是本书的亮点所在。

藏传佛教艺术是藏族人民勤劳和智慧的结晶，是藏族人民内心世界的体现，在千百年的历史长河中生生不息，她是照亮神秘雪域高原的一盏明灯。

青海人民出版社

2011 年 11 月

嘛呢石

目 录

承载虔诚的嘛呢石

藏族信教群众以石头的形制，承载一颗颗虔诚的心。

人们不分男女老幼，只要从嘛呢堆前经过，总是按顺时针方向绕其一周或数周不等，信众坚信，往嘛呢堆放一块石头，就等于念诵一遍经文。

随着人们不停地堆放，久而久之，大小不等的嘛呢石越堆越多，它们被整齐有序地垒叠在一起，便形成了震撼人心的嘛呢堆或嘛呢墙。

用石块摆放的巨大六字真言周围是五彩斑斓的经幡，在大地与苍穹之间飘荡摇曳。经幡又叫风马旗，是人们向上苍表达虔敬之心的华贵经卷。那密密的经文，是他们渴求上苍爱抚的美好希冀，经幡象征着天、地、人之间的祥和。牧民们在刚搭好的帐蓬上系拴风马旗，是为了求得逐水草而居的福佑；朝圣者带着醒目的风马旗上路，为的是祈求旅途平安；河畔湖边人们遍插风马旗，则表示对水神的敬畏。

嘛呢石，因在石头上刻有神圣的“嘛呢”，即梵文佛经中的六字真言而得名。六字真言为“唵嘛呢叭咪吽”六字。藏传佛教认为，常念“嘛呢”死后可不入地狱，或少受地狱之苦，甚至可以升至极乐世界。虔诚的佛教徒坚信，只要连续不断、持之以恒地把他们日夜默念的六字真言雕刻在石头上，这些石头就会有一种超自然的灵性，就能帮他们洗清此世的“罪过”，并能引领他们走进神往已久的西天净土。

走进那离天最近的大草原，似乎看不到一缕炊烟，但大大小小的嘛呢石却随处可见，它们以威严和神圣慰藉并净化着人们的心灵，它们以特质和内涵展示着藏传佛教的博大精深。

千百年来，六字真言被信众诵不绝口，以此来表达心中无比的虔诚，而嘛呢石则是这份虔诚之心的真实记录。

人类在自身的进化过程中，首先选择了石头作为加工利用的对象。自从原始的石器工具诞生以来，石头便和人类的生存发展、人类文明的不断创造结下了不解之缘。一件打制的刮削器或一件磨制的石斧足以代表人类早期历史的发展阶段；从古老的石刻偶像到米开朗琪罗杰出的雕塑都凝聚着不同时期人类智慧的结晶。无论是中国的“甲骨文”、两河流域的“楔形文字”，还是印度半岛西北部关于远古居民生活习俗的崖雕，都印证着不同的民族用同一种方法记录并创造着自己的文明。

青藏高原也不例外。古往今来，勤劳智慧的藏族先民在这块神奇的土地上留下了辉煌灿烂的石刻文化。遍布于藏区的嘛呢石堆在千余年的历史长河中，其分布区域、范围大小都堪称是世界之首。我们为那些世世代代、默默无闻的信徒们不畏艰辛的精神所感动。

在藏族信教群众心目中，石头并非是无生命之物，石头同神山神树一样，都是以灵魂寄居的方式同人类产生联系，神灵可以寄居于石，人的灵魂也可以寄居于石。由于神灵的寄居，石头便具有了神之灵性，再被镌刻以经文、佛像，它们的生命便具有了非同寻常的意义。

嘛呢石刻是藏族地区一种独特的民间文化，有着非常古老的起源，它与藏地远古时代的先民对石的崇拜以及佛教传入以前的苯教信仰均有着千丝万缕的联系。今天，藏区嘛呢石刻虽与寺庙文化也有一定联系，但它主要属于一种民间信仰，是藏区农牧民群众自由表达信仰的一种民间化的途径与方式。在辽阔的草原牧区，因寺院稀少且距离遥远，嘛呢石刻往往成为牧区民众表达和实现信仰的一种主要方式。

嘛呢石刻的形式主要源于藏区原始的自然崇拜和万物有灵观念，衍生于一种古老的石堆——灵石崇拜的祭坛。随着对这种祭祀石堆的发展衍生，嘛呢石刻艺术便应运而生。嘛呢石刻则更多的是表示对神佛的祈祷、尊崇，是顶礼膜拜和积累功德的虔诚之举。信徒们每经过嘛呢堆必放一颗石子或放一块刻有经文的石块在上面，作为一次虔诚的祈愿。

嘛呢石刻的种类

嘛呢石刻的内容有经文、偈颂、六字真言、吉祥纹样、佛像以及各种神祇等。题材广泛，内容丰富，线条流畅，形象逼真。这些不同类型的嘛呢石刻，是藏族民间艺人们怀着一颗虔诚的心，雕刻而成。由于多年积累的雕刻经验，也使他们的技艺达到了炉火纯青的地步。他们往往就地采石、构图涂色，将自己对现实生活的观察和思想感情，寄托和渗透在石头造型艺术当中，表达出人间世俗的情态，表现出石雕艺术与其他造型艺术的迥异，除了使人们产生虔诚的敬畏之外，还感受到作品强烈鲜明的艺术个性，令人耳目一新。

经文、偈颂、六字真言

经文、偈颂、六字真言在嘛呢石刻中数量最多，多采用线刻和浅浮雕，而极少采用圆雕和高浮雕。这是嘛呢石的一大特点。

佛像

在众多的嘛呢石中，有许多佛像石刻画，这些石刻画多以线刻为主，线条流畅，生动形象，就像一本书中精美的插图。石刻画是藏族人民智慧和才华的体现，对研究藏传佛教文化和藏族传统文化具有重要的史料价值。

文成公主和松赞干布礼佛图（阴线石刻局部）

文成公主和松赞干布礼佛图（阴线石刻）

摩崖石刻，有广义和狭义之分，广义的摩崖石刻是指人们在天然的石壁上刻就的所有内容，包括各类文字石刻、造像石刻，还有一种特殊的石刻——岩画也可归入摩崖石刻。狭义的摩崖石刻则专指文字石刻，即利用天然的石壁刻文记事。信徒们年复一年的艰辛刻作，留下了难以计数的摩崖石刻，规模宏大，在青山绿水间展现了藏传佛教石刻文化的精髓，极具观赏价值和文化价值。

在藏区，刻有藏传佛教内容的石刻文字、浮雕、造像比比皆是，无处不在，它们或是雕凿于庞大的石丘之上，或是镌刻在小巧的石片之上。崖壁浮雕和汇聚成堆的嘛呢石，构成了藏传佛教所独有的风格和传播形式。佛教在藏区兴起于吐蕃王朝初期，大盛于吐蕃王朝中期。藏文文献《西藏王统记》记载，吐蕃时代就已开创了镌刻嘛呢石的先河。

青藏高原的名山大川，是大自然的造化。石刻作为一种文化的表现形式，受到了人们的崇高礼遇和高度重视。根据昌都的卡若遗址和林芝的尼洋河边台地上新石器时代的文化遗存可以得知，石头在青藏高原远古时代就与人类有着密切的联系。西藏自治区在文物普查中，曾先后在拉萨、山南、日喀则、林芝、昌都等地区发现石窟三处，摩崖造像 80 余处，嘛呢石堆多处。在青海的玉树、果洛、海南、黄南和甘肃的甘南以及四川的阿坝、甘孜等地区，也有大量的嘛呢石堆。在整个藏区发现的嘛呢石刻地点星罗棋布，数不胜数。

阴刻，是直接在光滑平整的石面上刻出单线图案，类似中国画中的白描，用线条来表现形体。在线条的基础上，用丰富的颜料加以绘制，使嘛呢石刻更具装饰性。

嘛呢石刻佛像与寺院中的雕塑相比，其造型、手印、姿势等都遵循了传统，但创作相对自由，清新自然，令人耳目一新。作品粗犷、朴实、简练、生动，有着浓郁的民间风格。

古拙的阴刻线条及年代久远的沧桑感，震撼人心。创作雕刻这些佛像作品的目的并不仅仅在于艺术本身，而更在于其所积聚的功德。

在嘛呢石刻中，圆雕和浅浮雕相给合的手法也很常见。佛像及背景装饰，精雕细琢，一丝不苟，体现了雕刻者精湛的技艺。

石刻的浅浮雕技法通常是在凿平石面的基础上，留出所雕刻的形体部分，而后再雕刻突出的形体，从而使石刻具有三维空间感，浅浮雕起位较低，形体压缩较大，对刻工的要求非常高，更大程度地接近绘画形式。在长期的石刻过程中，刻工也不再仅仅局限于单一的技法，他们往往在制作的过程中将塑、雕、绘的技法结合起来，使创作的形式多样化。

瑞兽

瑞兽是原始人群体的一种图腾崇拜，是人类历史上最早的一种文化现象。它们从远古时代一直沿存至今。

勒巴沟摩崖石刻中出现了许多马和羊等家畜的形象

勒巴沟摩崖石刻的瑞兽，与《汉·白虎瓦当》拓片对比，形象非常相似，具有质朴、简洁、生动的特点。

六字真言的含意

嘛呢石最常见的雕刻体裁是六字大明咒（唵嘛呢叭咪吽）。

六字大明咒是大慈大悲观世音菩萨心咒，源于梵文，象征诸菩萨的慈悲与加持。其内涵丰富、奥妙无穷，蕴藏了宇宙中的大能力、大智慧、大慈悲。

六字大明咒的象征意义：

“唵”表示佛部心，代表法、报、化三身，也可以说成三金刚（身金刚、语金刚、意金刚），是诸佛菩萨的智慧身、语、意。

“嘛呢”表示宝部心，就是摩尼宝珠，向它祈求，自然会赐给人们各式各样的财富。

“叭咪”表示莲花部心，莲花出污泥而不染，代表着现代人虽处于五浊时代的轮回中，但诵此真言，就能清除我们的烦恼、障碍，获得清净。

“吽”表示金刚部心，是祈愿成就的意思，人们必须依靠佛的力量，才能得到正果，成就一切，普度众生，最后达到佛的境界。

人们通过雕刻嘛呢石，在精神上趋向佛的世界，获得心灵的安抚和精神的慰藉，摆脱对世俗、功名、利禄的追求，减少或消除人们心中的痛苦、恐惧和悲观等情绪，从而获得心理平衡，释放人们内心的压力或负罪感，最终达到精神上的解脱。

六字真言的色彩象征

（1）“唵”以白色象征着天神。“唵”经常以白色出现在嘛呢中象征天神的颜色。当信徒念诵第一字“唵”时，在意象中应该有所表象：其一要通过冥想静修的方式把一幅白色的“唵”字显现在脑海中；其二要记住这幅白色“唵”字的象征寓意是“天神”；其三要坚信吟诵“唵”音具有消除一切天众之痛苦——临终之苦的功能。

另外，六字真言之首字“唵”是由梵文语“阿”字根、“吴”元音、“嘛”添加字三组所构成。据佛教密乘经籍记载：它们分别象征着佛之三门，其中白色“阿”象征着佛身；红色“吴”象征着佛语；蓝色“嘛”象征着佛意。为了得到“菩提心”，有时当信徒念诵嘛呢是冥想吟诵者自己的“身、语、意”与佛之三门无分别，以求两者融为一体，以便更有效地达到普度众生之目的。

（2）“嘛”以青色象征着非天。“嘛”通常以青色出现在嘛呢中表示非天的颜色。当信徒念诵第二字“嘛”时，在意象中应该有所表象：其一要通过冥想静修的方式把一幅青色的“嘛”字显现在脑海中；其二要记住这幅青色“嘛”字的象征寓意是“非天”；其三要坚信吟诵“嘛”音具有消除一切非天之痛苦——斗争之苦的功能。

（3）“呢”以黄色象征着人。“呢”通常以黄色出现在嘛呢中表示人的颜色。当信徒念诵第三字“呢”时，在意象中应该有所表象：其一要通过冥想静修的方式把一幅黄色的“呢”字显现在脑海中；其二要记住这幅黄色“呢”字的象征寓意是“人”；其三要坚信吟诵“呢”音具有消除一切人之痛苦——生、老、病、死之苦的功能。

（4）“叭”以绿色象征着畜生。“叭”通常以绿色出现在嘛呢中表示畜生的颜色。当信徒念诵第四字“叭”时，在意象中应该有所表象：其一要通过冥想静修的方式把一幅绿色的“叭”字显现在脑海中；其二要记住这幅绿色“叭”字的象征寓意是“畜生”；其三要坚信吟诵“叭”音具有消除一切畜生之痛苦——役使之苦的功能。

（5）“咪”以红色象征着饿鬼。“咪”通常以红色出现在嘛呢中表示饿鬼的颜色。当信徒念诵第五字真言“咪”时，在意象中应该有所表象：其一要通过冥想静修的方式把一幅红色的“咪”字显现在脑海中；其二要记住这幅红色“咪”字的象征寓意是“饿鬼”；其三要坚信吟诵“咪”音具有消除一切饿鬼之痛苦——饥渴之苦的功能。

（6）“吽”以黑色象征着地狱。“吽”通常以黑色出现在嘛呢中表示地狱的颜色。当信徒念诵第六字真言“吽”时，在意象中应该有所表象：其一要通过冥想静修的方式把一幅黑色的“吽”字显现在脑海中；其二要记住这幅黑色“吽”字的象征寓意是“地狱”；其三要坚信吟诵“吽”音具有消除一切地狱之痛苦——寒热之苦的功能。

总之，念诵“唵嘛呢叭咪吽”能够清除贪、嗔、痴、傲慢、嫉妒以及吝啬这六种烦恼，堵塞六道之门，超脱六道轮回。

嘛呢石刻的精神内涵

嘛呢石刻是藏族传统文化中对藏传佛教崇拜的具体表现。信众常常在精神意识的驱使下，通过选择和实施嘛呢石刻艺术表现手段来表达最深层的精神世界。

嘛呢石以其独特的形式成为藏传佛教的一大景观。走进青藏高原后，在我们的心中产生同一个印象：那就是世界屋脊是石头的王国。这里石头无处不在。高原虔诚的佛教徒想把这里所有的石头都变成心灵的载体，于是一代人接一代人地在石头上不知疲倦地或刻写佛言，

或刻画佛像，实在不会刻画，干脆把石头捡起来堆成一座座人工山。

世代生活在高原上的人们在长期的历史发展过程中，在创造物质财富的同时把自己精神世界的活动用一种物质形式记录下来存留于天地之间，成为后人珍贵的精神财富。

藏传佛教认为痛苦是可以被转化为欢乐的。功德高深的修行者也要经受各种痛苦的考验，但其最终的结果必是极乐。同时，神灵又是人类行为的审判者，它不仅向人类颁布绝对的律令，而且按照此律令对人的行为给予奖惩，这种奖惩决定着每个人今生和来世的命运，同样在现实生活中狩猎的成败、农业的丰歉、气候的变化等等都被想象成神灵的意志在左右其间，因此，修行者总是把自己在生活中的一言一行，同神灵的律令相对照，用神圣的理论规范来检查自己。信众就是通过嘛呢石刻艺术的创造过程，把自己内心的向往具体地表现出来。

嘛呢石刻的意义

精神内涵是嘛呢石刻艺术产生的重要条件，它实际上是人类精神的积累过程。信教群众将嘛呢石作为自己同神佛交流的纽带，是信仰的直接表达。对嘛呢石刻艺术来说，只有理解了其艺术的根本意义，我们才能更深入地了解它。

为了祈求平安，祈祷家族繁荣和消除灾难，藏民族在追求与大自然和谐共存的过程中，给嘛呢石刻艺术赋予了丰富的精神内涵，使自然界一块块普通的石头变成了信仰的载体，使嘛呢石变成了人们心目中的神圣之物。无论是人还是动物，其生命是平等的，都具有同样的价值。在高原上生活的人们对自己所生存的自然环境具有一种天生的感恩和敬畏，对大自然从不过度索取，能保证基本的生活所需便可。在这种人与自然和谐共处的理念下，生态环境得到了良好的保护。

从社会功能而言，嘛呢石刻艺术强化了社会群体意识，嘛呢石刻艺术蕴含的以慈悲宽容、利乐众生为价值观的文化内涵，对安定社会、凝聚人心，对藏民族共同心理素质的塑造和人格道德观念坐标的奠定有着深远的影响，对促进民族和谐产生了积极的作用和深远的影响。

在人类历史发展早期，生存方式完全依赖自然的恩赐，人们认为自然的力量来自于神灵，进而对大自然的依赖变成对神灵的依赖，并由此把神灵作为尊崇和依赖的对象。同时在信众心目中也引起对神灵的感恩之情和对神灵惩罚的畏惧之感。同时，宗教对人的生命意义和价值做出诠释，对人人都将面临的死亡指明解脱和重生之路。

这种祈求神灵庇佑的心理是嘛呢石刻艺术产生的主要依据。例如：在众多的嘛呢石中有一种发愿石，它是因家中有人生病、亡故，或遇到困难，希望神灵护佑，需先到寺庙卜算，选定要刻的咒文、经书或佛像，买好石料，再请匠师雕刻，放置在合适的地方，祈求家人安康。

人都会生、老、病、死，嘛呢石整合了个人心理与社会群体之间的关系，疏导人改变对死亡的恐惧心理，安慰亲友节制哀伤，具有对美好生活期盼的心理暗示功能。

嘛呢石刻艺术多取材于藏区随处可见的片石或鹅卵石，因此造价低廉，做工相对简单，具有形象逼真、生动直观等特点的嘛呢石对藏传佛教的传播起到了重要的作用。嘛呢石大多选用片石或鹅卵石。在这些石刻中，有的是极不规则的鹅卵石，只要有一个稍平的面，即可在上面刻制简短经文和六字真言，不过这种鹅卵石，多数用以刻制六字真言。片石或鹅卵石是吐蕃王朝中后期出现的藏族石刻文化的新类型，它与藏族早期的摩崖、石窟、三维石刻相比，最大的不同是片石或鹅卵石有可移动性。无论是图像还是经文，均刻在体积不大的鹅卵石或片石上，这些作品可以根据人的意愿随意搬动和堆垒。片石则需到山中去开采，开采的片石，一般厚度为 3~6 厘米，为不规则的多边形，较平的一面用以刻制经文、佛像，在这些雕刻中尤以经文居多，规模较大的嘛呢堆，是用无数片石刻制的整部典籍，蔚为壮观。对于信众来说，只要他一心向佛便可在精神上与佛感

应，修成正果。而藏传佛教六字真言，正好起到这个作用。嘛呢石刻艺术就是以一种生动的形象来争取信众和普及佛理。信众则根据自己的理解，把领悟佛理的真谛雕刻出来。嘛呢石经过“神化”之后，仿佛有一种神秘的力量，信众希望借助嘛呢石的力量，保护子孙后代，免灾得福。嘛呢石便成了佛与僧俗民众互通灵性的桥梁和纽带，成了无所不在的梵音佛影，是佛现实存在的物化象征，由此形成了藏传佛教慈悲宽容、利乐众生的传统文化和礼俗。

总之，嘛呢石刻艺术是信众对神灵精神态度的物化反映。许多人在探讨嘛呢石刻艺术时，总是把嘛呢石刻艺术的外在表现形式放在十分突出的地位，对于嘛呢石刻艺术来说，任何从雕刻技法和外在形式去分析嘛呢石刻艺术的概念，都是有缺憾和没有说服力的，只有理解信众在进行创造过程中的精神内涵和意义，我们才能较准确地认识和理解嘛呢石刻艺术的精髓。

石经之最——和日石经墙

石经，是工匠镌刻在石头上的经书、经文或佛像，目的是使神圣的经书、文字和佛像保存得比纸本、绢本更坚固、久远。同时，也便于在垭口、湖边、桥畔及寺院外堆献，便于人们随时诵拜祈佑。在藏族人的心目中，高原上的任何一块石头都是有灵性的，而一旦刻上经文和佛像，就更是充满了灵性，无论放在哪里，都神圣无比。青海省黄南藏族自治州泽库县的和日石经墙正是基于这样的背景而产生的，和日石经墙独具特色，无论其规模还是艺术水准都堪称为石书之最。

和日石经墙位于青海省黄南藏族自治州泽库县西北部的和日寺内，该寺后面山上有4堵大型石经墙，是迄今发现的我国规模最大的石经墙。自佛教传入青藏高原以来，一代代信徒用梵藏两种文字在石块上雕刻的六字真言、经文、佛像等，在藏区随处可见，形成了石刻文化景观。其中，和日寺石经墙、玉树新寨嘛呢石城、天峻石经墙等都颇具规模。

和日石经墙。主墙长165米，高3米，宽2.7米。镌刻了经文的青绿色经石板整齐地堆叠在墙的上部，达1米多厚。石经主墙的西段是经过整修的“新”墙，东段老墙的形状不规则，不少处已坍塌，因而更显沧桑。东段墙侧有大量佛像、佛塔和六字真言单幅精美石刻作品，雕刻内容比西段更丰富、更具有魅力。主墙上刻有著名佛教经典《大藏经》之一《甘珠尔》，其中收录著述108种。主墙的东面是一处独立存在的经石方墩，高10米，边长9米，其上堆放的石经是《大藏经》的另一部——《丹珠尔》，收录著述218种。《丹珠尔》经墩东40米处和主体石经墙西120米处，还各有一座规模较小的石经墙，除这些石刻文字外，和日石经墙还有近2000件各种佛像、佛塔等绘画石刻作品。据当地人测算，相距不远的这4处石经墙总长330多米，所刻经文总字数超过两亿，使用的石料达30000块。

和日寺的前身是草原帐篷寺院，后迁到和日乡。据《黄南州志》记载：首次发起并组织和主持石板经文刻书者，是和日寺第三世主持活佛德尔敦·久美桑俄合丹增。他从果洛草原请来一位兼通雕刻绘画的高僧，并挑选数十位寺僧和牧民做其帮工和学徒，为寺院刻制3部可永世长存的石经，即《八千颂》《贤劫经》和《三摩地王经》。经过数十年坚持不懈的凿刻，3部石经终于告成，这就是和日最早的石经。这些作品虽然经历了150多年的风雨沧桑，但它们至今风貌尤存。

接替德尔敦活佛进行大规模刻建石经墙的人，是和日寺第四世主持洛加仓活佛。洛加仓自幼出家，20多岁就已经是佛学造诣高深的宁玛派活佛。他立志要让大藏经的《甘珠尔》和《丹珠尔》等著名佛教经典变成石书，与世长存，永远护佑广大藏族信众得福呈祥，于是便开始大规模刻建石经墙。因洛加仓活佛是和日草原上的高僧，又是和日大头人的亲戚，资财充足，再加上和日僧俗民众捐奉的财物、牲畜、石料和劳力，石经墙得以顺利扩建，30多年便全部完成。建成的石经墙按藏文经籍版式分部垒叠而成，每函石经码得像一本长条藏文经书，保持纸经书的形状和风格。每函都有书名，外面用木板包装成书箱状，再用精美的图案石板隔开。石经墙两面有很多佛龛。这样，朝拜和转“廓拉”的信众便可随时与佛见面。

石经墙刻建完成后，和日寺成为和日草原乃至整个安多藏区佛教信众心中的圣地，来此朝拜和转“廓拉”者终年不断。藏族群众认为，在此转一圈“廓拉”就等于把此地所有的石经书诵念了一遍，福德无量。据当地藏族群众说，石经墙建成后，和日一带果真再未发生过大的天灾人祸。当地人认为，是石经墙的圣灵为他们带来平安吉祥，于是代代相传。人们不断地往这里敬献各种经石。神秘的石经墙，成为藏地信众的精神图腾。

和日石经墙是一处不可多得的文化奇观。是珍贵的宗教文献和奇特的宗教艺术。是藏民族乃至中华民族宝贵的文化遗产。人们祈望它能得到更好的保护，而不应该仅仅将其看成是一处旅游观瞻地。

和日石经墙是用厚 1～5 厘米的石板，两面凿刻经文后，按一定顺序垒叠而成的。如此宏大的规模，堪称华夏一奇，实为世界石书奇观，充分展示了藏族人民的聪明才智和艺术才华，不仅有很高的观赏价值，而且对研究藏族书法艺术和藏传佛教史等方面都具有重要的研究价值。和日石经墙是青海省重点文物保护单位。

流淌的石书——勒巴沟

勒巴沟位于青海省玉树藏族自治州境内通天河畔的群山间，“勒巴”在藏语中为美丽、吉祥之意。

在勒巴沟内，嘛呢石已经突破了一块一块的限制，在这里，山体上、路边、河里的巨石上都镌刻了经文，勒巴沟的嘛呢石因多、大、古而形成了自己的特点。

据记载，公元641年文成公主进藏，途经青海玉树地区时，当地僧俗群众诚意挽留，文成公主便在气候宜人、风景秀美的勒巴沟作短期停留。在这期间，文成公主命随行的工匠在勒巴沟岩壁上雕刻了9尊佛像以及佛塔、经文等。公元710年，金城公主赴藏，途经勒巴沟时见文成公主雕刻的佛像受到风雨侵蚀，进藏后，金城公主派人到勒巴沟修建佛殿，并将佛像加工修缮。由金城公主下令修建的佛殿藏语叫做“昂拉昂则拉康”，意为“大日如来

佛堂”，当地群众俗称“文成公主庙”。由于这座佛堂记录了汉藏友谊，历来为汉藏人民所珍视，而今文成公主庙依然保护完好，屹立在勒巴沟南口。

当地人传说，自两位公主进藏途经勒巴沟以后，藏族群众为了纪念两位公主，开始在勒巴沟内刻制嘛呢石，一块块石经，每一段、每一句都带着特别的祈愿。勒巴沟内保留了很多自唐以来各代艺人精心雕刻的嘛呢石，所以这里的嘛呢石从雕刻技艺上堪称一绝。

勒巴沟里布满了大大小小、形状各异的嘛呢石，蔚为壮观。一层压一层，一块摞一块，在悬崖峭壁上，河沟里，只要是石头，几乎都刻有经文。因为人迹罕至，这里还保持着原来的自然形态。

勒巴沟说是一条沟，实际上是一条峡谷，两侧山岩高耸，松柏苍翠。峡谷中溪水潺潺，如诗如画。传说当年，松赞干布迎接文成公主，就是在横渡通天河之后，用了近一天的时间才穿越了勒巴沟，并在出口处休整了一个多月。勒巴沟，因一位美丽善良的公主而历久弥香。

勒巴沟是一代公主的珍贵名片。沟内崖壁上不仅有1300多年前的《文成公主礼佛图》《三转法轮图》及多种佛经、佛像和唐代侍女画，还有豹、牛、象、鹿等瑞兽图。千百年来，当地的佛教信徒在这条沟中凿刻了数不清、看不尽、读不完的嘛呢石，这些都构成了勒巴沟的独有胜景。古老的藏汉文化，在这神山圣水中得到了相知与相融。

被称为“山嘛呢、水嘛呢”的勒巴沟，嘛呢石满河满谷，漫山遍野，这就是虔诚的祈愿和祝福。历史已经远去，但石头永存，文字永存，美好的意愿永存，深沉的历史永存，深厚的友谊永存。勒巴沟，美丽神奇的沟，情深义浓的沟。勒巴沟传承藏民族千年的文明史，勒巴沟颂扬着人与自然和谐共存的生态史，勒巴沟展现着唐蕃和睦共处的民族史。

沉淀的祈愿——嘉那嘛呢石经城

在这样一个蓝色的夜晚
我就是一只遗忘了思想和自我的海螺
此时，我不是为吹奏而存在
我已是另一个我，我的灵魂和思想
已经成为了这片高原的主人
嘉那嘛呢石，请倾听我对你的吟唱
虽然我不是一个合格的歌者
但我的双眼已经泪水盈眶

——吉狄马加《嘉那嘛呢石上的星空》

玉树嘉那嘛呢石经城，位于青海省玉树藏族自治州州府所在地玉树县结古镇东郊 5 公里的新寨村，海拔 3600 多米，距今已有 300 多年的历史。据史料记载，嘉那嘛呢石堆始建于藏历木羊年（1715 年）；其奠基人是结古寺三大活佛之一的第一世嘉那活佛——嘉那道丹松曲帕旺丹珠尼夏，俗称嘉那道丹活佛，嘛呢石堆由此称为“嘉那嘛呢”。

嘉那嘛呢经过 300 多年的积累，已有各种嘛呢石 25 亿块，其中尤为珍贵的是几万块刻有律法、历算、艺术等论述的嘛呢石精品，是世界民间艺术的奇葩。

嘉那嘛呢石都由新寨村村民雕刻（其中还有从其他地方搬迁到新寨村的石刻艺人）。如今嘉那嘛呢石堆北面 240 米，南面 247 米，西面 61 米，东面 73.6 米，最高处 6 米、最低处 3 米。根据《嘉那道丹松曲帕旺传》藏文手抄本道丹遗言称：嘉那嘛呢扩建只能从东到西，从南到北的方向，而不能从西到东，从北到南的方向。

玉树嘉那嘛呢石刻中的六字真言有每个字单独刻在一块石头上的，也有六字一起刻在一块石头上的，按字的顺序涂了不同的颜色。这些颜色的涂法必须按前面讲到的颜色顺序，否则被认为是亵渎神灵。如果需涂绿色、蓝色，必须首先涂其本色，为了使画的色彩厚薄均匀，湿度小，色液不下沉。经过特殊方法处理的颜色经得起手摸、风吹和日晒。有的嘛呢石刻整面敷色，这样使石块上的经文显得整齐好看，因而运用敷色能弥补雕刻中的缺陷，使嘛呢石更加完美。这种情况在其他藏区石刻经文中是很少见的。

玉树嘉那嘛呢镌刻手法丰富多样，有浅浮雕、高浮雕、线刻等，技法运用灵活多变，不拘一格，极具创造性。另外，玉树嘉那嘛呢石刻有很明显的地域性特点。根据当地造型特征可分为四种：

一、通体敲凿法。指作者用带尖的工具在石头上敲凿出类似于麻点状的凹坑，然后将这种“麻点”连成片，用以表现物象的轮廓，呈现出一种类似于“剪影”式的通体凿刻文字。艺术手法古朴简约，也相对原始，是玉树石刻中较为古老的表现手段。这种通体敲凿法在玉树石刻的制作中相当少，而且分布范围非常小。但在岩画中很普遍。

二、线刻法。是指岩画制作者使用金属工具在岩石上凿刻和磨刻出深浅粗细不同的线条，并以线条勾勒石刻嘛呢的方式。凿刻和磨刻出来的线条横断面多“V”字形，其线条深度比凿刻法深且宽，在表现手法上更为自由和富于变化。

三、涂绘法。所谓涂绘类嘛呢石是指作画者以赤铁矿粉作为颜料，在嘛呢石刻上绘制出来的图像，红色为最常见的颜色。

四、磨制法。用坚硬的尖状石块反复磨制，形成断面呈弧形或三角形的凹槽，从而构成图像。

嘉那嘛呢石极具本土特色、民族特色。首先，与藏传佛教的其他艺术形式相比，嘛呢石刻是源自藏地本土的一种融雕刻与绘画为一体的相当古老的艺术表现形式，至今我们仍能在其丰富的造形语言中感受到那种强烈而又古朴的原始气息。其次，它极具民间艺术的性格。嘛呢石刻虽然以佛教艺术内容为主，却是区别于经院正统艺术的民间艺术类型。它的作者绝大部分是民间的艺人。无论是画面的经营位置，还是形象的塑造都不受经院式造像度量的束缚，极具想象力和表现力。

新寨嘉那嘛呢石的造像，在继承传统美术和民间美术的基础上，借鉴、吸收和融入佛教造像的技法，丰富了雕塑风格和内容。嘉那嘛呢石雕刻的主要特点在于线条粗犷有力，纹饰简约朴素，风格浑厚大气，形象生动凝练，体现了石刻艺人们的聪明才智和审美情趣。

玉树嘉那嘛呢石是藏族石刻文化中的一朵奇葩，更是藏族文化发展的一个缩影，因此，嘉那嘛呢石在藏区石刻文化艺术中具有非常重要的地位。玉树嘉那嘛呢石城在其形成和发展的历程中，吸收了当地宗教、文化、艺术的精髓，逐渐成熟、壮大。同时，在当地人们的心目中占有重要的地位。当今玉树嘛呢石作为当地文化的典型代表，正在迈向新的发展道路。